AF257338

NOTICE

SUR

CHARLES - AIMABLE LEMAIRE

DÉCÉDÉ DIACRE AU GRAND SÉMINAIRE DE SOISSONS

LE 14 JUIN 1858

Charles-Aimable-Louis-Joseph Lemaire naquit à Brancourt, près Bohain (Aisne), le 16 octobre 1832, de parents chrétiens, honnêtes, laborieux, mais peu avantagés des biens de la fortune. Leur occupation la plus ordinaire était de tisser le coton. A. Lemaire se fit remarquer dès l'enfance par ses talents, sa piété et les heureuses dispositions de son caractère. Il eut le bonheur, par la grâce de Dieu, d'être discerné entre les enfants de son âge par un digne ecclésiastique, qui le fit entrer d'abord au petit séminaire de Notre-Dame de Liesse, peu de temps après sa première communion. Il passa ensuite, selon le cours des classes, quatre années au petit séminaire de Laon (1).

(1) Transféré depuis à Soissons dans l'ancienne abbaye de Saint-Léger.

Il vint au grand séminaire après les vacances de 1852, avec les témoignages les plus favorables de ses anciens maîtres. Durant les trois premières années, et toujours, sa conduite fut, comme au petit séminaire, celle d'un bon séminariste, régulier, pieux, appliqué à ses devoirs d'étude, d'une grande droiture et franchise, avec un cœur très-affectueux, très-reconnaissant et très-dévoué. Il reçu successivement, aux ordinations de la Sainte-Trinité, la tonsure, les ordres mineurs et le sous-diaconat. Sa vie, toutefois, n'offrait rien alors qui le distinguât des autres bons élèves.

Tout séminariste sérieux a son règlement particulier, qu'il renouvelle et perfectionne d'année en année. A. Lemaire ne pouvait manquer d'avoir les siens, où nous remarquons les résolutions suivantes :

Sur l'emploi du temps en général : « Je vois, dit-il, que jusqu'ici la plus grande partie de mon temps a été perdue, par le peu d'attention que j'ai eue à le rapporter tout à Dieu. Je prend la résolution de ne vivre désormais que pour lui. Tout mon temps lui sera donc consacré. » (Puis vient le détail des diverses actions de la journée.)

Sur l'obéissance.—« Tout par obéissance, même les choses les plus indifférentes. — L'obéissance c'est le résumé, l'abrégé de toutes les vertus, la voie la plus simple, la plus facile, la plus sûre, la plus méritoire pour aller au ciel. — Persuadé que l'obéissance vaut mieux que toute science que je pourrais acquérir contre cette vertu, je m'occuperai uniquement de mon devoir ; et, avec la grâce de Dieu, je veux pousser cette résolution jusqu'au scrupule. Jamais la moindre lecture, ni même une lettre, sans permission. Dans les études libres, je ne ferai que des études conseillées, uniquement; pas d'autres sans avoir pris conseil.... — Oh! mon Dieu, faites que je sois obéissant dans les petites choses, afin de me préparer à obéir dans les grandes. N'avoir pas de volonté, mon Dieu, c'est la grâce que je vous demande. —Souviens-toi, ô mon âme, que tu n'as d'ami et de confident fidèle que Dieu et ton directeur.... O mon Dieu! quand me donnerez-vous la grâce et le courage de soumettre tout au conseil d'un directeur.... tout, tout.... et plus particulièrement tout ce qui me paraîtrait douteux, tout ce qui me coûterait davantage à soumettre. »

Sur l'esprit de dévouement et de charité. — « Rien ne coûte tant que le dévouement, surtout quand il doit durer quelque temps. Veux-tu rendre un service véritable? d'abord n'attends pas qu'on te le demande; ensuite rends-le de la manière la plus agréable, la plus empressée, et montre-toi le plus obligé. Sois si heureux de le rendre, que non-seulement on n'ait pas peur de te le demander, mais même que l'on croie te rendre service à toi-même en te le demandant..... Sois reconnaissant, même des services que tu rends, c'est-à-dire de ce qu'on a la charité de te croire capable de les rendre.

« J'aurai de l'affection pour tous mes condisciples. — En récréation je varierai mes compagnies, et j'irai avec ceux d'entre eux pour qui je me sentirai de la répugnance... — Dans les jeux, je me garderai bien de paraître triste lorsque je perds, et trop gai lorsque je gagne. S'il survient quelque contestation, je prends la résolution de toujours céder, lors même que j'aurais droit. — Souviens-toi de ne jamais rapporter une parole de médisance, pas même à ton ami, pas même à ton père. — De même un secret qui t'a été confié. »

Sur la vertu de chasteté. — « Mon Dieu ! donnez-moi une sévérité outrée pour tout ce qui touche à la sainte vertu... Souviens-toi, ô mon âme, qu'il ne faut qu'une faible étincelle pour allumer un grand incendie.»

Et enfin sur la fréquentation des Sacrements.— « J'irai à confesse tous les huit jours. Je commencerai mon examen par voir en quoi je suis devenu meilleur depuis ma dernière confession. J'examinerai si je n'ai pas abusé des grâces du Seigneur, par ma négligence à profiter des moyens de salut qu'il me met entre les mains. Je ne mettrai point trop de temps à rechercher mes fautes, afin de pouvoir en mettre davantage à m'exciter au regret de les avoir commises.» (Il avait d'ailleurs ses retours fréquents sur lui-même : examen de prévoyance, le matin ; plusieurs dans le cours de la journée, et le soir encore, dans son lit, avant le sommeil.)

« Puisque mon directeur me permet de faire la sainte communion tous les huit jours, je ferai tous les jours de nouveaux efforts pour me rendre de plus en plus digne de ce bonheur ineffable. A l'exemple de saint Louis de Gonzague, j'emploierai trois jours pour la préparation, et trois jours pour l'action de grâces. Je recevrai mon Dieu avec beaucoup de calme, comme avec beaucoup de ferveur....

« En général, j'éloignerai tout sentiment de trouble comme venant du démon, qui veut par là m'éloigner de Dieu. Car il sait bien que le Seigneur n'habite pas dans le trouble : *Non in commotione Dominus*. Au contraire, je recevrai comme venant de Dieu toute pensée de calme et de paix. »

Au mois d'août 1855, il fut demandé, pendant les vacances, comme précepteur d'un enfant appartenant à l'une des plus respectables familles de Soissons. Il s'acquitta parfaitement de cette petite mission. Sans vouloir faire l'aimable, il sut, par la seule simplicité et la franchise de son caractère, comme aussi par son esprit de zèle et de dévouement, se faire aimer de tous, et il fut considéré comme un enfant de la maison.

Quelques semaines après la rentrée des classes, dans les premiers jours de novembre, il fut pris tout à coup d'une violente inflammation de poitrine. Jusque-là sa santé avait été très-florissante ; mais il portait en lui un germe héréditaire de phthisie pulmonaire, qui n'attendait qu'une occasion pour se développer. Dès le début, les symptômes du mal furent très-inquiétants, et les progrès rapides. Néanmoins on parvint peu à peu à s'en rendre maître, mais sans grand espoir de guérison. Tout l'hiver, il fut obligé de garder la chambre, et presque toujours le lit, incapable d'étudier ni même de lire. Mais ces jours d'épreuve furent singulièrement précieux pour son âme. On le vit dès lors donner des témoignages très-remarquables de foi, de piété et d'abandon à la volonté de Dieu. Son grand bonheur était de pouvoir faire la sainte communion plusieurs fois la semaine. Il la recevait dans son lit, toujours à jeun. Par respect pour l'infinie majesté de son bon Maître, il avait voulu qu'on dressât dans sa chambre un petit autel orné de fleurs, dont la vue seule devait lui rappeler ensuite, dans la journée, l'insigne faveur qu'il avait reçue le matin. Une petite statue de la sainte Vierge (de Notre-Dame de la Salette), qu'il avait fait placer sur cet autel, ranimait constamment sa confiance et son amour.

Il m'est impossible d'aller plus loin sans dire un mot de ses bienfaitrices. C'est pour moi, autant que pour lui, un devoir de reconnaissance. Supérieur alors du séminaire, je devais regarder comme fait à moi-même le bien que l'on faisait à ceux dont j'étais le père. Je regrette seulement que leur modestie ne me permette pas de les désigner autrement que par les initiales de leur nom. Ce fut tout d'abord Mme d'E*** que, dans une de ses lettres, il ne craint pas d'appeler sa bonne mère. « Pardon, ajoute-t-il, madame, si j'ose vous donner ce nom. Je suis indigne, pour moi, de celui d'enfant. Mais vos bontés à mon égard, et mes sentiments pour vous, vous donnent droit à ce titre de mère. » Mme d'E***, à son tour, l'appelle toujours son enfant, et le traite en enfant gâté. selon ses propres expressions. Bientôt Mme de B*** et sa fille Mme de N*** voulurent s'associer à sa maternelle tendresse, et ne se montrèrent pas moins généreuses envers le cher malade. On ne peut dire toutes les attentions délicates qu'elles eurent pour lui, et ces pieuses libéralités ne finirent qu'avec sa vie.

On était arrivé au mois d'avril. Les soins qui lui avaient été prodigués, les beaux jours de la saison nouvelle paraissaient lui avoir rendu assez de forces.

On pensa qu'il pourrait bien aller dans sa famille respirer l'air natal. Pour lui, s'il n'eût consulté que son inclination, il eût préféré ne pas quitter le séminaire. « Si je vais mieux, disait-il un jour, je retournerai dans ma famille. Je sais que je ne serai pas aussi bien sous tous rapports ; mais ce sera pour faire plaisir à mon père (1). Cependant si j'étais certain de mourir, je voudrais mourir au séminaire. Ah ! ce n'est pas la mort que je crains, ajoutait-il, c'est le purgatoire, et où pourrais-je me préparer mieux qu'ici ! »

Cependant il fallut quitter le séminaire ; sa santé lui en faisait un devoir ; mais comme il ne s'en était éloigné qu'avec beaucoup de peine, il écrit que « bien souvent son après-midi se passe à regretter son cher séminaire. » Vers la fin des vacances, il sollicite comme une grâce de pouvoir y rentrer, et il ajoute : « Pour n'être pas à charge au séminaire, et ne pas lui imposer des sacrifices inutiles, si je retombe, j'irai volontiers à l'Hôtel-Dieu, si cela se peut faire. »

Malgré de si vives instances, on jugea que sa santé ne lui permettait pas de quitter la maison paternelle ; et il dut y passer encore l'année entière, jusqu'au mois d'octobre suivant.

Il reçut cette décision avec une résignation parfaite. « Du reste, avait-il dit d'avance, je suis résigné à tout : *Non mea voluntas, sed tua fiat.* Donc : *Non recuso laborem, si tua voluntas ; non mori, sed pati, si tua voluntas...* »

______

(1) Sa mère, qui était venue à Soissons pour le soigner, n'avait pas le même motif de désirer son départ.

A. Lemaire commença par bien régler son temps
et ses occupations. Il partagea sa journée en divers
exercices de piété, d'étude, de récréation, et ne cessa
d'entretenir des rapports avec le séminaire, par de
fréquentes correspondances. Il voulait qu'on lui en-
voyât exactement le Saint du mois et les divers bil-
lets d'association.

L'hiver s'était passé assez heureusement, et le prin-
temps de même. Sa santé était notablement meilleure.
A l'époque de la Sainte-Trinité (1857) il demanda et
obtint de pouvoir faire le voyage de Soissons. Le
bonheur de revoir encore son cher séminaire eût
suffi pour lui rendre des forces. Son désir aussi était
d'assister à l'ordination des élèves de son cours, qui
allaient recevoir le sacerdoce, de suivre les exercices
de la retraite qui précède, et de faire ensuite un pè-
lerinage à Notre-Dame de Liesse. Le tout s'exécuta
parfaitement, et sans que sa santé parût en souffrir.
Au contraire, le plaisir de se retrouver dans son élé-
ment, au milieu de sa famille de prédilection, sem-
blait lui donner une nouvelle vie.

Il était difficile, après cela, de ne pas lui accorder
la grâce qu'il sollicitait si vivement, et depuis si
longtemps déjà, de revenir au séminaire à la rentrée des classes. Il revint en effet au mois d'octobre
suivant. Sa santé se soutint assez bien durant les trois
ou quatre premiers mois. Sauf quelques légères
modifications, il suivait tous les exercices de la
communauté. Sous-diacre depuis plus de deux ans,
on crut devoir l'appeler au diaconat pour la Noël
prochain, quoique sa santé laissât peu d'espoir pour
une longue vie. Mais tel qu'il se trouvait alors, avec
ses excellentes dispositions d'esprit et de cœur, il

pouvait encore être un prêtre utile dans quelque ministère moins fatigant.

Cependant, quelques semaines après, sa santé sembla réclamer des précautions nouvelles. Il fut condamné à garder habituellement la chambre.

C'est alors qu'il fut en rapports plus fréquents et plus intimes avec Eugène Delaby. Tous deux malades de la même maladie et au même degré, tous deux ayant les mêmes tendances vers l'amour de Dieu et les mêmes désirs du ciel, sans être toutefois de même humeur ni de même caractère, se trouvaient très-bien de leur société mutuelle, et de leurs mutuels entretiens qui ne roulaient que sur les choses de la piété. Aussi leur accordait-on facilement la permission de se visiter réciproquement, soit à l'heure des récréations, soit même pendant les classes où ils ne pouvaient plus assister.

A. Lemaire admirait surtout dans Eugène Delaby l'élévation des sentiments, sa résignation pleine d'amour, et son calme parfait au milieu des souffrances et en présence de la mort. Dès qu'Eugène Delaby eut été transporté au grand parloir, A. Lemaire ne le quitta presque plus. Il voulut assister à ses derniers moments et à son agonie, pour se familiariser, disait-il, avec la mort, et apprendre à mourir bientôt lui-même. Il voulut, dans la même intention, être présent à son ensevelissement et à toutes les cérémonies de sa sépulture. C'est lui encore qui se chargea, pour la famille, de mettre en ordre son petit mobilier, ses papiers, ses livres, ses petites dettes, etc. Il fit placer, pour l'avoir continuellement sous les yeux, le portrait d'Eugène sur son lit de mort. En quoi l'on peut dire qu'il montra une fermeté d'âme peu commune, étant si près qu'il l'était lui-même de ses derniers moments.

Cependant les symptômes les plus alarmants se développaient de telle manière, que Lemaire lui-même ne pouvait plus guère se faire illusion sur sa fin prochaine : « Mon saint ami se trouve si bien au ciel, disait-il, qu'il veut m'avoir au plus tôt près de lui ; » et, pendant quelque temps, il fut préoccupé de la douce pensée qu'il pourrait bien mourir le 24 mars, un mois juste après la mort d'Eugène. Ce qui, du reste, n'eût pas été surprenant, tant il allait s'affaiblissant de jour en jour.

Mais avant d'en venir au récit de ses derniers moments, indiquons ici ses principales vertus. Nous les résumerons d'après les propres paroles que nous avons recueillies nous-même de sa bouche, ou d'après sa correspondance des trois ou quatre derniers mois de sa vie.

Amour de Dieu. — « J'aime Dieu de tout mon cœur, certainement, disait-il un jour ; mais, hélas ! bien moins que je n'en suis aimé ! » — Sur ces paroles de l'Apôtre : *Diligamus Deum, quoniam ipse prior dilexit nos.* « Et comment se fait-il donc, s'écriait-il, que les hommes ne comprennent pas cela ? Si Dieu nous avait permis seulement de l'aimer, nous lui devrions une extrême reconnaissance. Il nous le commande, il nous menace même de l'enfer si nous ne l'aimons pas, et c'est comme rien. Ah ! il faut que les hommes soient étrangement aveuglés et corrompus !... » — Un autre jour, il souffrait davantage ; l'enflure paraissait augmenter, et il respirait avec plus de peine : « O mon cher, lui disait-on, demandez que votre dernier soupir soit un soupir d'amour ! — Ah ! certainement, je le demande tous les jours, je ne demande que cela. Que ma première pensée, à mon réveil, soit une pensée d'amour, et ma dernière aussi ; mais je ne suis pas souvent exaucé. Je vois bien maintenant la vérité de cette parole : *Qu'on ne parvient à aimer véritablement le bon Dieu que le dernier jour de sa vie.* Et en effet, j'ai beau faire, je me laisse toujours prendre par l'amour des créatures. Je parle, ajouta-t-il, de l'amour trop sensible et qui n'est pas selon Dieu ; car pour l'amour de reconnaissance et d'amitié pure, c'est autre chose ; le cœur sait bien en faire la distinction : on sent, d'un côté, que Dieu n'est pas content ; et, de l'autre, il n'y a aucun malaise qui fasse peine à la conscience. »

Résignation à la volonté de Dieu. — A. Lemaire ne voit que la très-sainte et très-adorable volonté de Dieu. « Dans les commencements, disait-il, j'avais quelque peine à m'y résoudre ; mais plus j'avance vers le terme, plus je sens de facilité et de bonheur. J'aurais désiré sans doute être prêtre et offrir le saint sacrifice de la messe ; mais, après tout, si le bon Dieu ne le veut pas !... Je fais des neuvaines pour ma santé, puisqu'on le désire ; mais, au fond, je ne souhaite pas d'être exaucé. Je les fais sans courage et par condescendance. — Pourtant, lui disait-on, vous aimeriez mieux vivre encore que de mourir. — Non, répondait-il ; si le bon Dieu m'en laissait le choix, je ne choisirais pas : je m'en remettrais à sa sainte volonté. »

Comme un jour il souffrait davantage, on lui rappelait cette parole de sainte Thérèse : *Aut pati aut mori,* et cette autre de sainte Madeleine de Pazzi : *Non mori, sed pati.* « Oui, dit-il, mais il y a quelque chose de meilleur encore que tout cela, c'est de faire la volonté de Dieu. — Sans doute, lui répliquat-on, mais les saints parlaient ainsi dans le sens de saint Ignace en son troisième degré d'humilité : *ad majorem imitationem Christi.* — A la bonne heure, dans se sens, reprit-il, pour être plus conforme à Notre-Seigneur Jésus-Chist ; mais alors c'est toujours la volonté de Dieu. »

Un autre jour, qu'il venait de dire : « Je suis obligé de changer de mets à chaque instant. » On lui répondit : « Il n'y a qu'une chose qui ne change pas, n'est-il pas vrai ? » Il comprit cette parole. « Oh ! oui, reprit-il aussitôt, le cœur : oui, toujours tout à Dieu, sa très-sainte volonté toujours. » Et il continua ainsi : « Je ne voudrais pas ne pas souffrir ; je ne désire pas non plus souffrir davantage. Peut-être que si je souffrais davantage, je ne souffrirais pas comme il faut ; quand le corps est trop accablé, il se peut faire que l'âme, ayant moins de volonté et de liberté, souffre avec moins de mérite. »

Voici encore un mot de résignation, et tout à la fois d'humilité, que nous trouvons dans une de ses lettres :

« Je pense quelquefois à la mort. Quoique le jugement qui la suit m'effraye, cependant je ne puis m'empêcher de la regarder comme un gain, quand je considère d'un côté mon ignorance, mon peu de vertu sous tous les rapports, mon apathie, ma faiblesse, etc… et de l'autre, ce poids immense de responsabilité qui doit peser sur mes épaules d'enfant : le bréviaire, la sainte messe, l'administration des sacrements, la prédication surtout et la confession sont des charges qui me font trembler. *Je ferais encore volontiers le sacrifice de ma vie pour la conversion de quelques âmes.* Toutefois, sans demander ni la vie ni la mort, je désire que la sainte volonté de Dieu s'accomplisse en moi. »

Patience.—C'est une vertu qui suit de bien près la résignation. — Plusieurs semaines avant sa mort, son accablement habituel était devenu tel, qu'il ne pouvait plus même réciter son chapelet. Un *Ave Maria* le faisait tousser sans fin ; cependant il ne s'en plaignait jamais, sinon pour s'humilier doucement devant Dieu.

Désir du ciel. — Aimer Dieu de tout son cœur, ne vouloir que sa très-sainte volonté , soupirer après l'heureux moment d'aller au ciel, pour le voir et le posséder éternellement, ce sont trois dispositions qui s'enchaînent naturellement et s'expliquent sans peine dans une même âme. — Un jour, après quelques moments d'entretien avec un des directeurs du séminaire, A. Lemaire entendit la cloche d'une église voisine : « Je ne sais pourquoi, dit-il ; mais souvent, quand j'entends une cloche, j'éprouve une singulière impression. — Quelle impression ? lui demanda-t-on ; est-ce de tristesse ou de joie ?— De joie, répondit-il. Il me semble entendre la voix de Dieu même, qui vient du ciel, et m'appelle à lui. C'est un éclair qui passe et me remplit l'âme de suavité. Hélas ! pourquoi faut-il donc que d'autres pensées viennent si souvent nous distraire !.. »

Mais voici une lettre qu'il écrivait pendant son séjour dans sa famille, et où ce désir du ciel se trouve plus développé encore et appuyé de ses motifs.

« On vient de m'écrire : *Consolez-vous, tout espoir n'est pas perdu, vous pouvez en revenir.* On me dit cela tous les jours, et j'ai entendu répéter ces paroles à tous les malades que j'ai vus. Qu'elles me semblent peu chrétiennes ! Il est étonnant que des chrétiens donnent de pareilles consolations, et encore plus étonnant que des malades les reçoivent avec plaisir. Ce n'est pas ainsi que les chrétiens se consolaient, au commencement de l'Église. Ils couraient à la mort, ils félicitaient ceux que l'on traînait au supplice ; dans leur ferveur, ils priaient les martyrs d'intercéder pour eux auprès de Notre-Seigneur, afin qu'il acceptât leur sacrifice et qu'il les appelât bientôt à lui. Saint Laurent s'attriste de voir son bonheur retardé de trois jours. Sainte Perpétue, je crois, ne trouve pas que ce soit un trop grand sacrifice d'abandonner son père terrestre, puisqu'elle va retrouver son père céleste.

« Je désire un trône, je travaille pour y parvenir, et voilà que j'arrive plus tôt que je ne pensais. Consolez-vous, me dit-on alors, ... Belle consolation ! *près d'y arriver...* Belle consolation ! — Soldat, exilé de ma patrie, loin de mes parents, de mes amis, de mes bienfaiteurs, je soupire après tant de têtes chéries. *Consolez-vous,* me dit-on, *vous avez maintenant la chance des combats à courir, peut-être ne reverrez-vous jamais ceux que vous désirez tant...* Belle consolation ! — L'on devrait bien plutôt me dire : *Réjouissez-vous, vous n'avez encore appris que l'exercice... vous n'avez pas encore assisté aux combats, et déjà le bon Dieu veut vous récompenser .. J'envie votre sort et j'en suis même jaloux*. Mais non : *Vous ne mourrez pas*, vient-on me dire. — Si de telles paroles sont capables de me consoler, j'en conclurai que ma foi et mon amour sont bien peu vifs.

« Sans doute mon calice a un peu plus d'amertume qu'au séminaire, où je jouissais plutôt que je ne souffrais. Mais j'avoue qu'il n'a pas atteint les dernières limites... Je savais, du reste, qu'en quittant le séminaire j'ajoutais à mon sacrifice. Dans l'espérance de la mort, je désirerais que le bon Dieu me fît souffrir plus encore, pourvu qu'il me fît entrer au ciel tout droit... »

Détachement. — Un jour que des vomissements étaient survenus et qu'il se trouvait beaucoup plus faible, on s'entretenait avec lui de la mort et d'un départ peut-être assez prochain. C'était six semaines environ avant son décès. — « Ne regrettez-vous donc rien? lui disait-on. — Oh! non, non, rien... — Et votre corps, ajoutait-on, que voulez-vous qu'on en fasse? — Ah! mon corps! répliqua-t-il, mon corps, que l'on en fasse ce que l'on voudra : qu'il soit sous le marbre ou sous un tas de fumier, que m'importe? Le bon Dieu saura bien le retrouver un jour. Cela me rappelle, ajouta-t-il, que ma petite sœur disait avant de mourir : Et mon pauvre corps!... Ah! ton corps, lui dis-je, qu'importe, chère amie, pourvu que ton âme aille avec le bon Dieu! » — Quelques jours après, il disait : « Quand je serai mort, quelle si grande différence y aura-t-il d'avec ce que je suis? Mon corps ne sera plus là, voilà tout. Mais mon esprit sera toujours présent : *Absens quidem corpore, præsens autem spiritu.* Pour mes parents, en particulier, dont je suis éloigné, que suis-je en ce moment? Ils ne me voient pas, ils ne m'entendent pas. Qu'y aura-t-il alors de changé pour eux, quand mon corps sera dans la terre, plutôt que dans cette chambre?...»

Zèle des âmes. — Quel n'était pas son désir de voir enfin certaines personnes, qui lui étaient plus chères, se donner à Dieu pléinement? « Ah! bien souvent, disait-il, j'ai offert à Dieu le sacrifice de ma santé et de ma vie pour leur obtenir cette grâce! »

Quelques semaines seulement avant sa mort, il apprend qu'un de ses condisciples et de ses amis, à qui même il avait voué une certaine reconnaissance pour les services qu'il en avait reçus, venait de renoncer au séminaire et à sa vocation, et allait même s'engager dans une démarche qui lui paraissait un malheur et un scandale... Il en est tout bouleversé, il en perd le sommeil et l'appétit : que ne ferait-il pas, que ne donnerait-il pas pour détourner ce pauvre ami d'un semblable dessein et le ramener à des sentiments meilleurs? Il demande, il obtient la permission d'aller le trouver lui-même, lui donne rendez-vous à quatre lieues de Soissons, et s'y fait conduire en voiture, malgré son état d'extrême faiblesse. Il ne put rien gagner, mais au moins il eut, devant Dieu et devant les hommes, le mérite de sa charité et de son zèle.

Mortification et humilité. — Je sus un jour que son confesseur lui avait permis de faire quelques pénitences particulières, et de coucher de temps en temps sur une simple paillasse. Peu à peu, désirant se mortifier davantage, il avait pris l'habitude de coucher ainsi tous les jours. Et il avait usé d'une pieuse industrie, pour que personne ne s'en aperçût jamais, pas même les infirmiers.

Pureté de conscience. — On lui disait : « Si on venait vous annoncer que vous allez mourir dans un quart d'heure, que feriez-vous? — Je n'en sais rien, répondit-il; plus d'une fois déjà j'ai fait ma confession, comme pour la dernière. Je ne voyais pas alors ce que je pouvais dire de plus. En ce moment, je n'ai rien qui me fasse de la peine. »

Cependant la maladie faisant de très-rapides progrès, on dut proposer au malade le saint Viatique et l'Extrême-Onction. Il n'y avait pas de ménagements à prendre pour cela. Il fut prêt aussitôt, et de grand cœur, quoique un peu surpris, dit-il ensuite, qu'on le crût si près de sa fin. Il reçut les derniers sacrements de l'Église avec un grand calme, s'unissant doucement et en silence aux prières et aux cérémonies. Comme dans la journée on lui demandait quels avaient été les sentiments de son cœur, il répondit avec simplicité : « J'ai dit à Notre-Seigneur : Mon Dieu ! puisque vous m'avez fait l'honneur de me venir voir, c'est un devoir, à mon tour, de vous suivre partout où il vous plaira. Si c'est à la mort et au ciel, je le veux bien; si c'est au Calvaire et à la souffrance, je le veux bien encore. Partout où vous irez, je vous suivrai, Seigneur. »

Bientôt après on crut devoir le transférer de sa chambre dans une autre pièce plus grande, plus commode, et d'un plus facile accès pour sa famille. Pour y parvenir, la voie la plus courte, comme aussi la plus désirable pour son cœur, était de traverser la chapelle. En passant, on dut s'arrêter quelques instants devant l'autel. Ce fut un moment solennel, que celui où on le déposa ainsi vivant en face du saint tabernacle pour y adorer quelques instants son Seigneur et son Dieu, là même où, si peu de jours après, il devait être apporté sans vie dans son cercueil. Que se passa-t-il dans son cœur et dans le cœur de ceux qui l'accompagnaient, en cette visite dernière à Notre-Seigneur? Et ce bon maître lui-même, que lui disait-il intérieurement? De là on le portait dans la chambre où il allait bientôt rendre le dernier soupir, à l'endroit même où expirait, quelques années auparavant, un autre pieux séminariste, Hippolyte Fellens.

Le lendemain, dans une visite que nous lui faisions, nous lui demandâmes s'il désirait quelque chose. « Encore plus de souffrances, » nous répondit-il. Nous lui rappelâmes alors ce que lui-même nous avait dit quelques jours auparavant, que si le bon Dieu lui envoyait plus de souffrances, peut-être n'aurait-il pas le courage de les supporter. « Oui, c'est vrai, reprit-il. Eh bien! que sa volonté soit faite! »

Les jours suivants, dès le mardi, 8 juin, il tombe dans une extrême faiblesse; il ne répond plus que par signes ou à voix très-basse. Voici néanmoins encore quelques-unes de ses paroles.

Sur ce qu'on l'exhortait à ne plus tenir à rien et à ne s'attacher qu'à Dieu seul, il répondit d'un air un peu inquiet : « Est-ce que je tiens encore à quelque chose? croyez-vous que je ne puisse pas désirer de voir mon père? » (C'était un désir qu'il avait exprimé.) — « Oh! certainement vous le pouvez, lui dit-on, surtout ne désirant le voir que pour Dieu et pour le bien de son âme. — Oui, c'est pour cela, » répliqua-t-il ; et il fut en paix.

Un autre jour, on lui demandait ce qu'il se proposait de faire, lorsqu'il serait au ciel. « Quand je serai au ciel, répondit-il, d'abord je remercierai le bon Dieu de ce que je puis maintenant l'aimer davantage. Ensuite je le prierai pour tous les Messieurs du séminaire. — Que vous serez heureux, ajouta-t-on, de revoir M. Delaby, M. Fellens, M. Deleplanque (1) !.. » — Il se mit à sourire doucement ; ce qu'il n'avait pas fait de toute la journée, par suite de l'accablement. « Mais quel signe nous donnerez-vous que vous êtes au ciel ? — Je n'en sais rien, reprit-il ; ce que le bon Dieu voudra, *et s'il le veut.* »

Une autre fois, qu'il paraissait un peu moins souffrant, il demanda s'il ne pourrait pas faire une petite lecture. Après quelque hésitation, on lui présenta le *Bréviaire,* en lui indiquant le deuxième Psaume des Complies : *In te, Domine, speravi,* etc. Il le lut des yeux attentivement, et montra du doigt ces mots : *Accelera ut eruas me.* « De quoi me délivrer, ajouta-t-il, de la vie ou de la maladie ? » Et il indiqua ces autres mots : *Eruas me de laqueo hoc.*

Comme s'il eût pressenti les troubles qui devaient bientôt lui survenir en ses derniers moments, il dit, vers la fin : « J'ai lu dans saint Liguori, qu'en Italie c'est la coutume, lorsqu'on le peut, de donner l'absolution aux malades qui la demandent, tous les jours, et à chaque heure du jour, même sans confession. »

(1) Élèves du grand séminaire de Soissons, décédés précédemment, et dont la vie a mérité aussi d'être laissée par écrit.

Lundi 14, vers deux heures du matin, il nous fit demander. Il allait plus mal ; il avait des frayeurs extraordinaires. « Ah ! monsieur le Supérieur, s'écria-t-il en nous voyant entrer, je suis perdu ! je suis perdu pour l'éternité !... » Mais il ne pouvait alléguer aucune raison claire de sa frayeur. Nous lui suggérâmes tous les motifs de confiance et d'amour qui nous vinrent à la pensée ; et après lui avoir fait baiser la croix, nous lui présentâmes de l'eau bénite : il se calma un peu. Il trouva étranges et singulières, disait-il, ces sortes de pensées qui l'effrayaient. Il se demandait si ce n'étaient pas des hallucinations, et s'il n'était pas en délire. « Mais il me passe par l'esprit, ajoutait-il, des idées épouvantables ! » — Le calme, toutefois, n'était pas entièrement rétabli. Alors nous lui proposâmes l'absolution : il accepta avec empressement, fit sa confession en quelques mots, reçut l'absolution : et accomplit immédiatement sa pénitence avec une ferveur très-sensible, et fut ensuite dans une paix parfaite. Mais ces frayeurs se renouvelèrent encore plus tard, à deux ou trois reprises. On eut recours au même remède, à l'absolution ; et toujours même calme après l'avoir reçue. La journée, en général, fut très-laborieuse, très-souffrante. On crut plusieurs fois qu'il était à l'agonie, et qu'il allait expirer ; c'étaient de simples crises, produites surtout par le travail de la digestion. Dans les intervalles, il donnait tous les signes de la plus tendre piété, baisant avec affection le crucifix, une relique de la vraie croix qu'on lui avait mise au cou, une petite image représentant la mort de saint Joseph, son patron. Vers six heures du soir, on s'aperçut qu'il ne voyait plus, qu'il ne donnait plus signe de connaissance. Alors on récita de nouveau les prières des agonisants, pour la troisième ou quatrième fois depuis le matin. La communauté descendit à la chapelle et se mit en prières. Nous étions au pied de son lit avec quelques-uns de MM. les Directeurs et de ses condisciples. Son père était là aussi et lui tenait la tête. Sa mère, son frère étaient dans une pièce voisine. Son agonie paraissait pénible, si l'on en juge par les convulsions nerveuses qui l'agitaient. Nous lui prîmes la main et nous lui proposâmes une dernière absolution. Il put nous la serrer encore, quoique très-légèrement; mais c'était au moins un signe de connaissance et une bien douce consolation dans un moment si décisif : c'est le dernier signe qu'il put donner. Environ un quart d'heure après, il rendait son esprit au Seigneur.

Ces frayeurs de son dernier jour ne doivent pas toutefois nous laisser la moindre inquiétude sur le salut de son âme. On sait que plusieurs saints au lit de la mort, ont passé par de semblables épreuves. Notre divin Sauveur lui-même, au jardin des Oliviers, pour la consolation de ses fidèles serviteurs, a voulu éprouver la crainte, l'ennui, une tristesse mortelle, et la plus pénible des agonies, jusqu'à être inondé d'une sueur de sang. Dieu, sans doute, avait ses desseins en permettant dans notre cher moribond cette épreuve de terreurs. Sans vouloir pénétrer les secrets toujours impénétrables de son infinie sagesse, ne peut-on pas dire, que peut-être notre pieux jeune homme avait mis parfois une secrète complaisance dans cette sorte de calme impassible, qu'il avait témoigné jusque-là en face de la mort, et que Dieu, qui l'aimait, voulut le purifier de ces légères complaisances d'orgueil, en l'humiliant par ces frayeurs dernières. Peut-être aussi ne voulait-il seulement que donner une grande leçon aux élèves du sanctuaire, et leur apprendre avec quel zèle ils devaient un jour assister les malades jusqu'à la fin ; que tout n'est pas fini quand ils ont reçu les derniers sacrements ; que l'ennemi du salut ne cesse pas d'être au chevet du malade ; qu'un ministre de Dieu ne doit pas moins faire, pour sauver une âme, que le démon, pour la perdre ; qu'il doit, autant qu'il le peut, les revoir, les consoler, les ranimer, les fortifier, être à leur agonie. Que serait-il arrivé si ce cher malade avait été seul, en son dernier jour, abandonné à lui-même, sans prêtre, sans personne de piété, livré à ses terreurs, à ses tentations de découragement ou de désespoir? Cette seule pensée ne fait-elle pas frémir !... Mais le Dieu d'amour veillait sur cette âme prédestinée, et nous avons la douce confiance que *son dernier soupir fut un soupir d'amour,* comme il l'avait tant désiré pendant sa vie.

Son corps resta exposé le jour suivant, et, le mercredi, il fut inhumé à côté d'Eugène Delaby, selon le vœu qu'il en avait exprimé lui-même.

Bientôt sur sa tombe s'élevait un petit monument, semblable à celui d'Eugène Delaby, et par les mêmes moyens. Son épitaphe rappelle son esprit de foi, de force et de sagesse, tel qu'il convient aux diacres, avec sa vie toute chrétienne et sa mort bienheureuse :

... DIACONUS
VIR BONI TESTIMONII,
ET, QUANTUM IN SE, PLENUS SPIRITU SANCTO,
ET FIDE ET FORTITUDINE ET SAPIENTIA,
CUI
VIVERE CHRISTUS
ET MORI LUCRUM.

Après sa mort on trouva dans ses papiers ce projet de testament, que son extrême faiblesse ne lui permit pas de terminer :

« Au nom du Père qui m'a créé, et du Fils qui m'a racheté, et du Saint-Esprit qui m'a sanctifié.— Je commence, ô mon Dieu, par vous remercier des biens et des grâces sans nombre dont vous m'avez comblé depuis mon enfance, et surtout de la faveur ineffable d'être entré au séminaire. Hélas ! comment ai-je usé de tous ses bienfaits? Est-il un de vos présents que je n'aie souillé? est-il une de vos grâces que je n'aie ou méprisée, ou refusée, ou acceptée sans reconnaissance? Ah ! Seigneur, pardon, pardon ! miséricorde, miséricorde !!!... Quel compte terrible votre serviteur va avoir à vous rendre ! Un seul regard sur ma vie met le trouble dans mon âme. Comment pourrai-je soutenir votre jugement, si vous poussez la rigueur jusqu'à me demander compte d'une parole inutile? O mes frères bien-aimés, je vous en conjure par votre charité, n'oubliez pas un pécheur qui a vécu au milieu de vous. S'il n'était pas digne de votre sainte compagnie, il n'en est que plus digne de votre compassion et de vos prières.... J'ai beaucoup de confiance en vous tous, j'espère que mon espoir ne sera pas confondu. J'ai toujours prié pour la communauté, pour mes frères défunts; le bon Dieu ne permettra pas non plus qu'on m'oublie dans le purgatoire....

« Voici mes dernières volontés :—Je serais heureux de mourir au séminaire et d'être inhumé au milieu de mes frères, à côté de M. Delaby. Cependant, Seigneur, que votre volonté soit faite !—Je laisse à la liberté de M. le Supérieur tous mes habits ecclésiastiques. Il pourra en disposer en faveur de qui il voudra. Tout m'a été donné, je désire que tout aussi soit donné. » (Suit le détail de quelques dispositions particulières en faveur de ses parents, de ses amis, etc.)

PARIS. — IMP. ADRIEN LE CLERE, RUE CASSETTE, 29.